Made in the USA
Monee, IL
30 April 2022

95633163R00063